The Concealed Lotus of Manifestation

DIMITRIS KAKALIDIS
THE CONCEALED LOTUS OF MANIFESTATION
1st EDITION 2016

ISBN: 978-618-5223-06-9

This book is published by **Megas Seirios Publications**, founded by the **Servers' Society Spiritual Centre** based in Athens, Greece. To find more information about the mission, works and activities of the Society and/or to place an order, please visit our website:
www.megas-seirios.com

or contact us at:
9, Sarantaporou Street, Athens, Greece, P.O.: 111 44
e-mail: info@megas-seirios.com
Tel.: +30 210 20 15 194
Tel./Fax: +30 210 22 30 864

Translation from Greek: Dimitris Fragogiannis
Cover and book design: Marianna Smyrniotou

DIMITRIS KAKALIDIS

The Concealed Lotus of Manifestation

Ο Κεκρυμμένος Λωτός της Φανέρωσης

MEGAS SEIRIOS
Publications

Στη φύση θάλασσα και φως,
του Λόγου άστρο μέγα,
ο κρίνος, η αγριάκανθος,
το απόστερνο σκοτάδι,
που ήταν πρότερο φωτός
και το επονομάσανε
του κοσμικού ρυθμού
αιώνια τάξη.

In nature sea and light,
of Word a great star,
the lily, the wild acanthus,
the hindmost darkness,
which before light it was
and they named it
of the cosmic rhythm
the eternal order.

Κι ορίστηκαν τα σύμπαντα
με τ' αντισύμπαντά τους
κι ορίστηκαν οι άγγελοι
από το Μέγα Λόγο.
Κι έγινε μέρα αιώνια,
μυριοστή, η πρώτη.

And defined were the universes
along with their anti-universes
and defined were the angels
by the Great Word.
And then became a day eternal,
the myriadth, the first.

Των ωρών οι συμπάσχουσες τάξεις
των ρυθμών μελωδίες που κλαίνε,
των υδάτων ροές που συγκλίνουν
στων πυρών την καρδιά και το πνεύμα,
των απάντων το πνεύμα, των όντων,
των θαυμάτων το θαύμα, τα ρόδα...

Of hours the sympathetic orders
of rhythms the melodies that cry,
of waters the flows that converge
to the fires' heart and spirit,
of all the spirit, of beings,
of miracles the miracle, the roses...

Η ζωή έχει φλόγα τα πάθη,
μύριες έχει αισθήσεις το σώμα,
της υπέρτατης γνώσης το άνθος,
του αιώνιου κρίνου ψυχή...

Life's flame the passions are,
a myriad senses the body has,
of supreme knowledge the blossom,
of the eternal lily the soul...

Ω ψυχή μου, θαυμάτων το κάλλος,
Ω ζωή μου, αστέρων το στέμμα,
Ω των χρόνων η μάνα κοιτίδα,
τ' ουρανού, ουρανών η ζωή...

Oh my soul, of miracles the beauty,
Oh my life, of stars the crown,
Oh of years the mother cradle,
of heaven, of heavens' the life...

Τι δεν είδα; Τι θέλω γνωρίσει;
Τι μου μέλλεται ακόμη να πράξω;
Αν η σφαίρα ονείρου των κρίνων,
αν ο χρόνος τους χρόνους ορίσει,
αν το τέλος μου ορίσει αρχή;

What did I not see? What am I to know?
What yet awaits for me to do?
If the dream realm of lilies,
if time the times defines,
if my ending a beginning defines?

Στων υφάνσεων όλα τα μήκη,
στου κεντήματος όλα τα πλάτη,
σύμβολά μου οι άνεμοι, οι αιθέρες
και οι άγραφοι νόμοι, οι κόσμοι,
που δεν ήρθαν, δεν έγιναν σχήμα,
τη μορφή τους δε λάβαν, δεν είδαν,
του εαυτού μου δε γίνανε σώμα,
της ψυχής μου δε γίναν ψυχές.

Along all lengths of weavings,
along all widths of embroidery,
my symbols are the winds, the ethers
and the unwritten laws, the worlds,
which did not come, did not take shape,
their form they did not receive, they did not see,
of myself the body they did not become,
souls of my soul they did not become.

Πυρετού λογισμός και ιδέες
κατακλύζουν το χώμα, το αίμα.
Ω του σώματος φλόγα τ' απείρου,
Ω εστία ασβέστου πυρός.
Ω της νιότης τραγούδι και έργο
της σοφίας το κάλλος, το δράμα,
των ματιών οραμάτων χορεία,
της αβύσσου ανάσα, πνοή.

Of fever the thoughts and ideas
the soil, the blood they whelm.
Oh, of the body infinite flame,
Oh, hearth of inextinguishable fire.
Oh, of youth song and work
of wisdom the beauty, the drama,
of eyes the chorus of visions,
of the abyss the breath, the halitus.

Μήτρα σύλληψης αχράντων, η θεία,
των δυνάμεων σκότη και ήλιοι.
Μήτρα σύμπασα των μεγαλείων,
κυοφόρησης γέννα στη γη.
Κυοφόρησης γέννα στο κάλλος,
κυοφόρησης γέννα στο χάος,
κυοφόρησης γέννα στ' απείρου,
κυοφόρησης γέννα παντός.

Womb conceiving of the immaculate, divine,
of forces the darkness and suns.
Womb of all glories,
gestation's birth upon the earth.
Gestation's birth in beauty,
gestation's birth in chaos,
gestation's birth within infinity,
gestation's birth of all.

Μήτρα σύλληψης κόσμων ονείρων,
των θαυμάτων τεκούσα το γένος,
των ορίων επέκεινα κύκλου,
των θηρίων η γέννα οργής.
Μήτρα ύψιστη, θεία, υπερτάτη,
μήτρα ασύλληπτη, η αιωνία.
Μήτρα μέγιστη φόβων και πάθους,
μήτρα αγάπης, πανάγαθη υφή.

Womb conceiving of dream worlds,
of miracles bearing the genus,
of limits beyond the cycle,
of beasts the birth of wrath.
Womb the highest, divine, supreme,
womb inconceivable, the eternal.
Womb greatest of fears and passion,
womb of love, benevolent texture.

Ύψη ερέβους και βάθη και πλάτη,
ύψη σκότους, φωτός και σοφίας.
Ύψη ανήκουστα, άβλεπτα όρη,
ύψη άβατα Αμόλυντου Νου.

Heights of erebus and depths and widths,
heights of darkness, of light and wisdom.
Heights unheard of, mountains unseen,
heights untrodden of the Immaculate Mind.

Ω χαμένων πανάρχαια ελπίδα.
Ω φωτιές των κολάσεων πάθη.
Ω παιχνίδια της χίμαιρας πλάνη.
Ω ιδέα μαγεύτρας ζωής...

Oh, of the lost, the ancient hope.
Oh, flames of hells, passions.
Oh, games of the chimera, fallacy.
Oh, idea of enchantress life...

Όρκος θύμησης όσων ζηλέψαν
του ονείρου το φάσμα και εισήλθαν
μες στη λάβα, στην πέτρα, στο χώμα,
στων φυτών και στων ζώων το σώμα
και του πνεύματος δώσαν τη γνώση,
όρκος μνήμης ανθρώπων θεών.

Oath of remembrance of those envious
of the dream's spectrum, and entered
into the lava, the stone, the soil,
into the plants' and animals' body
and of the spirit the knowledge they gave,
oath of remembrance of people and gods.

Σύμβολά μου τ' αστέρια, οι πλανήτες,
σύμβολά μου οι ιδέες, οι ώρες.
Σύμβολά μου ο χρόνος, ο κόσμος,
σύμβολά μου το σκότος, το φως.
Σύμβολά μου ακόμα οι πύργοι,
βασιλείων ναοί, τα παλάτια.
Σύμβολά μου ηπείρων οι χώρες,
σύμβολά μου τα γένη, τα έθνη.
Σύμβολά μου το μέλλον, το τώρα,
το διάχρονο ένα παρόν!

My symbols, the stars, the planets,
my symbols, the ideas, the hours.
My symbols, the time, the world,
my symbols, the darkness, the light.
My symbols, the towers even,
of kingdoms the temples, the palaces.
My symbols the countries of continents,
my symbols, the genera, the nations.
My symbols, the future, the now,
the timeless, single present!

Πρόσωπά μου τα μύρια τ' απείρου,
των μορφών παρουσίες, εικόνες,
των ψυχών δοξασία κι ανάγκη,
των πνευμάτων χορεία ζωής.
Του θανάτου βορά και του τάφου,
των μνημείων οι κάρες αγίων.
Της διαίσθησης χώρος, ο κήπος,
τ' απειράνθιστου λίκνου φωτός.

My faces the myriads of infinity,
of forms presences, images,
of souls belief and need,
of spirits the chorus of life.
Of death the prey and of the grave,
of monuments the skulls of saints.
Of intuition the space, the garden,
of the ever-flowering cradle's light.

Μια μονάχα ιδέα ο κόσμος,
μια μονάχα ιδέα η φύση,
μια μονάχα ιδέα η κτίση,
μια μονάχα ιδέα η ζωή.
Εάν έβρισκε ο στόχος το στόχο,
εάν έβρισκε η βολή το σημάδι,
αν η αιτία θα βρει την αιτία,
τ' αποτέλεσμα θα 'βρει ροή.

Only an idea is the world
only an idea is nature,
only an idea is creation,
only an idea is life.
If the aim its aim found,
if the shot the target found,
if the cause the cause finds,
the result its flow will find.

Ποιος υπήρξε πριν η ύπαρξη γίνει,
ποιος ηκούσθη, ποιου λόγου το μέλος,
ποιος ο ήχος που εδόνησε ήχο,
ποίου μέλους το μέλος ρυθμός;

Who existed before existence,
who was heard, whose word the melody,
which sound was it that vibrated a sound,
of which melody, the melody rhythm?

Χασμωδίες ανέκφραστου λόγου,
ουτοπίες ανέφικτου έργου,
δοξασίες αλόγιστων όντων,
κοινωνίες χαώδους νοός.

Hiatus of expressionless word,
utopias of unfeasible work,
beliefs of irrational beings,
communions of a mind chaotic.

Ακούω Φωνή, ακούω ζωή,
θαυμάζω του θαύματος θαύμα.
Βλέπω, το μάτι των ματιών,
θεάματα, οράματα ζω.
Και η θύμηση,
η ανάμνηση από καταβολής·
είμαι ό,τι ήμουν,
έγινα ό,τι είχα υπάρξει.

Voice I hear, life I hear,
the miracle's miracle I admire.
I see, the eye of eyes,
sights, visions I experience.
And the remembrance,
since origin the recollection;
I am what I was,
I became what I had been.

Υπάρχω!
Σαν όπως ο άνεμος είμαι,
σαν όπως το έρεβος άγνοιας φως.
Σαν όπως ο άνθρωπος άδυτος είναι,
σαν όπως η οντότητα,
σαν όπως ο άγνωστος γνώστης διττός.
Σαν όπως η θάλασσα,
σαν όπως ο ήλιος,
σαν όπως ο θάνατος,
σαν όπως η βροχή,
σαν όπως η άβυσσος,
σαν όπως το μίσος,
σαν όπως η άρνηση,
σαν όπως η αγάπη,
σαν όπως η ζωή.

I exist!
As like the wind I am,
as like the erebus of ignorance, light.
As like the human a sanctum is,
as like the entity,
as like the unknown twofold knower.
As like the sea,
as like the sun,
as like death,
as like the rain,
as like the abyss,
as like hatred,
as like denial,
as like love,
as like life.

Υπάρχω!
Σαν το προ αιώνων αγρίμι,
σαν ο από καταβολής κτηνάνθρωπος,
σαν ο άγιος των ερήμων.
Σαν το απέραντο λιβάδι της βοσκής,
ο προαιώνιος βίσωνας.
Σαν ο αλέκτωρ της αυγής,
ο αείπλαστος θρύλος.

I exist!
As the centuries-old brute,
as the beast-man since origin,
as the saint of deserts.
As the endless prairie of grazing,
the centuries-old bison.
As the rooster of dawn,
the ever-forming legend.

Είμαι η μέρα, η γύμνια της σπηλιάς.
Είμαι η αρχή, το τέλος της πορείας.
Είμαι η δόξα, η ανάγκη της φωτιάς.
Είμαι ο κύκλος.
Η καθοριστική γραμμή είμαι ισημερίας.

I am the day, of the cave the bareness.
I am the beginning, the end of the course.
I am the glory, of fire the need.
I am the cycle.
Of the equinox the defining line I am.

Οι ώρες μου, ο χρόνος μου,
το άχρονο εγώ, το τίποτα,
του σύμπαντος το σύμπαν, η ιδέα.
Το άπειρο, το άυλο,
του άμορφου το εγώ.
Το ύψιστο, το μέγιστο,
το μικροκοσμικό.
Του αεικίνητου ύπαρξη.
Γνωμοδότη κανόνα η ρήση,
νομοθέτη οι νόμοι πυρός.

My hours, my time,
the timeless me, the nothingness,
of the universe the universe, the idea.
The infinite, the immaterial,
of the amorphous the I.
The highest, the greatest,
the microcosmic.
Of the ever-moving the existence.
Of the advisory rule the saying
of the legislator the laws of fire.

Η έκλαμψις των ιδεών,
των σκέψεων το έναυσμα,
της θεωρίας η σχέση,
των πράξεων αποτέλεσμα.
Και τα μεγαλεπήβολα κατορθώματα
της χίμαιρας, του απρόβλεπτου η διαταγή.
Ο ζωγράφος και το τοπίο,
ο παίκτης και τα αντικείμενα.
Υποκείμενος ων,
ο πρότερος γεννήτορας των θελήσεων,
των αλάνθαστων λειτουργιών
η κενότητα είμαι.

The flare of ideas,
of thoughts the trigger,
of theory the relation,
of actions the result.
And the grandiose feats
of the chimera, of the unpredictable the command.
The painter and the landscape,
the player and the objects.
A subject being
the former generator of volitions,
of infallible functions
the voidness I am.

Σε κάποιας σφαίρας χώμα, στάλαγμα,
του ουρανού ο θόλος είναι βάμμα
Κάποιων ονείρων τα δοσίματα αντιπαίρνουνε
και κάποια όντα υπάρχουν που πονάνε.
Ζωή εκείνη η σύγκριση με της ουσίας τη μία,
την άπιαστη, την άδυτη, απρόβλητη ύπαρξή της.

At a sphere's soil, a driblet,
the heavenly dome a tincture is.
Of some dreams, the givings come and go
and some beings which ache exist.
Life - that comparison with the one, the elusive,
the sanctum, unprojected existence of essence.

Εδώ, σ' αυτό το χώρο, ο χρόνος μπόρεσε,
έπραξε και διχάστηκε, μοιράστηκε
στις μέρες και στις νύχτες δόθηκε,
παρέδωσε το πνεύμα, την ψυχή του,
στη νόηση ενέδωσε κι αφέθηκε
το είναι του, η φύση του, η υφή του.
Εδώ σ' αυτό το χώρο μάρτυρας
μαρτύρων που δημιούργησε ο πρώτος,
των λειτουργών λειτούργημα η κρίση του.
Και της αρχής η αρχή,
του τέλους είν' τα τέλη, το μηδέν.

Here, in this space, time was able,
it acted and was divided, shared
to days and nights it was given,
its spirit, its soul it surrendered
to intellect it yielded and ceded
its being, its nature, its texture.
Here in this space, martyr
of martyrs created by the first,
of ministers a vocation his judgment.
And of the beginning, the beginning
of the ending are the endings, the zero.

Άρχομαι...
επανέρχομαι στους σπόρους, στα φυτρώματα,
στο χώμα της γης και στα φύλλα,
η φωτοσύνθεση γίνομαι.
Του φυτικού βασιλείου τα δέντρα,
των ορυκτών τα διαμάντια, οι καρποί,
οι ακτινοβολίες, οι χρυσοί χυμοί.
Πώς πλάθουν οι αχτίδες τις φωτιές!
Των μελισσών τα πνεύματα είν' άγγελοι,
των ποταμών το πνεύμα οι αρχάγγελοι.

I commence...
to the seeds I return, to the sprouts,
to the soil of the earth and the leaves,
the photosynthesis I become.
Of the plant kingdom the trees,
of minerals the diamonds, the fruits,
the radiances, the golden juices.
How the rays shape the fires!
Of bees, angels are the spirits,
of rivers, archangels are the spirit.

Ιστορία και καταγραφή.
Άνθρωποι εμείς τα πλάσματα,
της εξελίξεως η μέριμνα έργο μας,
τα παιδιά μας.
Οι τόσες θελήσεις μας θέληση
του μόχθου μας σύνεση,
του σκοπού μας η φρόνιση,
της αβύσσου η έκλαμψη πόθος.

History and recording.
People, we, the creatures
the care of evolution is our work,
our children.
Our so many volitions, our volition
of our toil the prudence
of our purpose the wisdom,
of the abyss the flare, lust.

Φίδια, πουλιά, οστρακόδερμα,
τετράποδα και ζώα,
που η συνέχειά τους δίποδα,
δίχερα, όντα ανθρώπινα,
με νου και πνεύμα κρίσης
στον ατελείωτο κύκλο ύπαρξης,
τον επαναληπτικό,
του ανεπανάληπτου δημιουργού τους.

Snakes, birds, shellfish,
quadrupeds and animals,
whose continuation - bipeds,
two-handed human beings,
with a mind and a critical spirit
within the endless cycle of existence,
the repetitive,
of their unparalleled creator.

Η σφαίρα έχει πτερώματα
και χέρια ν' αγκαλιάζει,
στόματα για να τραγουδά
αυτιά ν' ακούν τον ήχο,
μάτια που μέσα βλέπουνε
και δόντια να αλέθουν.
Νου για να κάνει προβολές
και σκέψεις να συλλέγουν,
να συλλαμβάνει τα αυγά
του κοσμικού συνόλου,
να επωάζει τ' άπειρα
δικέφαλα τα φίδια.

The sphere has plumage
and hands to embrace,
mouths to sing
ears the sound to hear,
eyes that see within
and teeth to grind.
A mind, projections to make
and thoughts to collect,
the eggs to conceive
of the cosmic whole,
to incubate the infinite
two-headed snakes.

Τ' αδέλφια μου οι αγριάκανθοι,
τ' αδέλφια μου τα κρίνα.
Τα φυτικά μου λιόσπορα,
τα ζωικά μου σπέρματα
του πνεύματος ανθοί,
τη γύρη τους ζητούν να δώσουν,
στους ήλιους να την παν,
έντομα της φωτιάς
και να τη μεταφέρουν,
ρουφώντας απ' τους κάλυκες
των αστεριών τη χρυσοφόρα δόξα,
στων μπουμπουκιών τον πόθο
να τη δώσουν προσφορά.
Στων ματιών το θέαμα γνώση
της ιερής ηλιάνθισης
τροφός να γίνει η άνοιξη.

My brothers, the wild-acanthi
my brothers, the lilies.
My vegetal sunflower seeds,
my animal sperms
of the spirit blossoms,
their pollen they seek to give,
to the suns to take it,
insects of fire
and to carry it,
sucking from the calyxes
of stars the auriferous glory,
to the craving of buds
as an offering to give.
To the eye's spectacle is knowledge
of the sacred sun-bloom
a nurturer springtime to become.

Ω τ' απείρου ιδέα
του κοσμικού αγγέλου η έκλαμψη,
η μυροφόρα γέννηση
της μάνας φύσης
δώρο προς τους θεούς
και τους θνητούς,
των όντων δοξασία
του Όντος θέληση του Νου.
Υποστασία δύναμης,
υποστασία αγάπης,
υποστασία θέλησης
και παρουσία φωτός.

Oh, of infinity the idea
of the cosmic angel's flare,
the myrrh-bearing birth
of mother nature
a gift to the gods
and the mortals,
of beings a belief
of the Being the Mind's volition.
Substance of power,
substance of love,
substance of volition
and presence of light.

Τρέμουν τα σώματα, ριγούν,
στην αναδίπλωση των πτυχών
εκστασιάζεται, παθιάζεται η καρδιά μου.
Ιερουργική χορεία, πράξη θέωσης,
στη μυσταγωγική την ώρα
του όρθρου των νυμφών.
Στη μυσταγωγική τη μέρα,
λιτανεία, τελετή,
σε μυστηριακό χρόνο,
στον ιερό βωμό του πνεύματος,
όπου τα είδη των μορφών
και των ψυχών τα γένη,
τα στίφη των λαών,
με τη συνακολουθία των ζώων,
των βασιλείων όλων και των ερπετών,
έρχονται μέρος να λάβουν,
από τα μέρη της ύπαρξής τους
μέρισμα να αποδεχτούν.

The bodies tremble, they shiver,
to the folding of the pleats
ecstatic, passionate becomes my heart.
Ceremonial chorus, of deification an act,
in the sacramental hour
of the matins of nymphs.
On the sacramental day,
a litany, a ritual,
in a mystical time,
upon the spirit's sacred altar,
where the kinds of forms
and the souls' genera,
the swarms of peoples,
with the entourage of animals,
of all kingdoms and reptiles,
to take part they come,
from the parts of their existence
a dividend to accept.

Βλέπω, τις προαιώνιες σαύρες,
τα γιγαντόσωμα μαμούθ
σε πλειστόκαινες εποχές
της κοσμικής περιόδου.
Οραματίζομαι τον κύκλο.
Προγονικές φυλές·
ο νεάντερταλ ων μου χαμογελά,
ο πάππος της φυλής, ο πατέρας μου.
Ο εαυτός μου ο πρώτος!

I see the centuries-old lizards,
the gigantic mammoths
in Pleistocene times
of the cosmic period.
The cycle I envision.
Ancestral tribes;
the Neanderthal being smiles at me,
the grandfather of the race, my father.
My own self, the first!

Εγώ είμαι το φως, το σκοτάδι,
η άβυσσος, τα δεινοπαθήματα των εποχών.
Οι ανακυκλήσεις, ανακατατάξεις,
καταποντισμοί και οι αναδύσεις
του πολύμορφου τέρατος.
Ο εωσφόρος, ο επίγονος του σκότους,
το φως.
Ο αδάμαστος άνθρωπος,
ο πρότερος των ενοικούντων,
ο αείκουστος, μέγας διάττων νους.

I am the light, the darkness,
the abyss, the sufferings of times.
The recyclings, the reorderings,
the floodings and surfacings
of the polymorphic beast.
Lucifer, the progeny of darkness,
the light.
Human the untamed,
the antecedant of indwellers,
the ever-heard, great meteoric mind.

Στων υδάτων του φλοίσβου το έκπλασμα,
στων αέρηδων φύση, ανάσα,
στων αστεριών τη χόβολη πυρά,
στων μύθων την ουσία δολοπλόκος,
η θήλεια χάρη έλαφος,
η κυνηγήτρα των ανασασμών,
ο κατερχόμενος της αβύσσου,
δικέρατος Πάνας θεός.
Ο μονόκερος του θρύλου,
ο αέναος, ιερός τράγος.

Upon the waters' ripple, a formation,
on the winds' nature, a breath,
on the stars' ember, a fire,
on the myths' essence, a schemer,
the feminine grace, a doe,
the huntress of breaths,
the descending of the abyss,
the bicorn god Pan.
The unicorn of legend,
the eternal, holy goat.

Δύναμη, αγάπη και φως.
Η ελευθερία, η κατάκτηση,
η κοινοκτημοσύνη των πνευμάτων.
Ο αγαθός γεωργός
που σπέρνει τα σπόρια της αυγής,
ο καλλιεργητής της ανάγκης,
εν μέσω τοπίου φλογών,
εν μέσω θαλάσσης,
εν μέσω της γης, τ' ουρανού,
εν μέσω ηπείρων απείρου,
του θαύματος θαύμα.

Strength, love and light.
The freedom, the conquest,
the communal ownership of spirits.
The benevolent farmer
sowing the seeds of dawn,
the cultivator of need,
amid a landscape of flames,
amid the sea,
amid the earth, the sky,
amid the continents of infinity,
of the miracle, miracle.

Επ' αγαθώ ηλίου
σπόρια μου, φύτρα μου ιερά,
κλωνάρια, δέντρα.
Επ' αγαθώ ηλίου σώματα,
όργανα των οργάνων,
πνεύματα, ιδέες των ιδεών,
ψυχές του κόσμου, σκεύη.
Τ' άγια τοις αγίοις,
ονόματα, εικόνες, προβολές,
παρουσίας άφατης ώρα σιγής.
Πηγή του Λόγου έως ώρας εισπνεύσεως
τελευταίας στιγμής,
απορρόφησης της τελείας.

For the sun's sake
my seeds, my sacred sprouts,
branches, trees.
For the sun's bodies sake,
organs of organs,
spirits, ideas of ideas,
souls of the world, vessels.
The holy of holies,
names, images, projections,
of the ineffable presence, hour of silence.
Source of the Word until the hour of inhaling
of the last moment,
absorption the complete.

Κι απεφάνθη ο Λόγος
και εγένετο φως
και εγένετο κόσμος ανθρώπων.
Και εγένετο μέρα,
και εγένετο νύχτα,
και εγένοντο ήλιοι των ήλιων.
Ο ενοικών, ο υπάρχων αείνοος
ο περιφλεγής διάπυρος,
κατάδηλος εαυτόν εαυτού.
Ο διάπυρος ένας των όλων.

And the Word ruled
and then there was light
and then there was a world of humans.
And then there was day
and then there was night
and then there were suns of suns
The indweller, the existing eternal-minded
the fiery fervid,
manifest self to self.
The fervid one of all.

Στον οίκο των οίκων,
στους αγρούς, στα όρη,
στα βάθη, στα πλάτη, στα ύψη,
στα μέσα, στα έξω,
στα πάντα Παντός,
των πάντων ουσία και δόξα.

Within the house of houses,
in the fields, the mountains,
in the depths, the widths, the heights,
in the inner, in the outer,
in everything of All,
of all, the essence and glory.

Ο γηγενής λόγου ρυθμός,
το αφεαυτού κάλλος,
η εναρμόνιση των ροών.
Τα λιοπύρια, οι απέραντες στέπες,
των βουνών τα χιονισμένα πρόσωπα τα
πάλλευκα,
το χιλιοπέταλο των κορφών κρανίο.
Η σύμπασα πνοή,
οι παλμοί της παγκόσμιας καρδιάς
και το ανεξήγητο της λειτουργίας
του κέντρου των κέντρων είμαι.

Of word, the native rhythm,
the beauty in itself,
of flows, the harmonization.
The burning heat, the endless steppes,
the all-white, snowy faces of mountains
of peaks the thousand-petal skull.
The breath of all,
the pulse of the universal heart
and the inexplicable of the function
of centers the center I am.

Ακούω· Εγώ ειμί ο Ων,
ο ανείδωτος, ο κεκρυμμένος
λωτός της φανέρωσης.
Εγώ ειμί ο έχων
του Εαυτού την ταυτότητα,
του Είναι το ποιόν,
του ανθρώπου το εύρος,
της ύλης τη μορφή,
του πνεύματος τη δημιουργία,
του προορισμού το σκοπό,
το φτάσιμο του είναι Μου κόσμου.

I listen; I am the One who Is,
the unseen, the concealed
lotus of manifestation.
I am the one who has
of the Self the identity,
of the Being the quality
of the human the broadness,
of matter the form,
of spirit the creation,
of destination the purpose,
the reaching of My being's world.

Ακούω· Αληθώς λέγω.
Εγώ, των θαλασσών το εγώ
αληθές εστί.
Εγώ, της αβύσσου ψυχή
αληθής της ο λόγος.
Εγώ ειμί η θέληση των πλασμάτων,
του σύμπαντος, των βουνών, των ερήμων,
σύμπαν Εγώ. Εγώ του απείρου ο Ων,
του απείρου οι όντες.
Η πλάση, ο κόσμος, το γίγνεσθαι,
το εγώ τους Εγώ είμαι!

I listen; The truth I say.
I, of seas the ego
true it is.
I, soul of the abyss
true is its word.
Of creatures the volition I am,
of the universe, of mountains, of deserts,
the universe, I. Of infinity I - the One who Is,
of infinity those who are.
The creation, the world, the becoming,
their ego I am!

Ακούω· Θάνατοι μύριοι γίνομαι
και γίνομαι ζωή.
Εγώ, ο απρόσβλητος, ο άνοσος,
ο υπό θεραπείαν διαρκώς ασθενής.
Ο μαθητευόμενος μάγος,
μάγος των μαγισσών,
ο μυητής, ο Υπέρτατος,
ο δραματουργός θρήνος,
ο αθάνατος των αθανάτων Υπέρτερος,
ο γεννήτορας κυρίαρχος κόσμων,
έως μέχρι εσχάτων ειμί.

I listen; A myriad deaths I become
and I become life.
I, the unassailable, the immune,
the constantly in healing patient.
The apprentice sorcerer,
the sorcerer of witches,
the initiator, the Supreme,
the dramatist lamentation,
of immortals the immortal Superior
of worlds the dominant procreator,
until the very end I am.

Μετέχω. Των μετόχων συμμέτοχος
στη σύμπραξη των πασχόντων,
των καταδυναστευομένων δυνάστης.
Ο αιώνιος ευτυχής, ο ακατάβλητος,
κυρίαρχος των κυριαρχημένων,
απόλυτος ένας Εγώ.

I partake. Of partakers the participant
in the synergy of sufferers,
of oppressed the oppressor.
The eternally blissful, the indomitable,
dominator of the dominated,
the absolute one, I.

Γίνομαι θάλασσα, γίνομαι φως,
γίνομαι κρίνος, η αγριάκανθος είμαι.
Δίδαξα, φώτισα τα σκοτάδια Μου,
έπλασα τον Εαυτό Μου.
Ο Ων ο αείπυρος, ο αείζωος,
ο άναρχος, των ουρανών η σκέπη,
των πλανητών τα θεμέλια,
των ήλιων το πυρ, ο ναός.
Τα τείχη Μου σώματα, οστά των οστών Μου,
το αίμα σαρκών Μου η σάρκα,
το πνεύμα Μου Λόγος Θεός.

I become the sea, I become light,
I become a lily, the wild-acanthus I am.
I taught, My darknesses I illuminated,
My self I molded.
The Being, ever-burning, ever-living,
the unbegun, of heavens the shelter,
of planets the foundations,
of suns the fire, the temple.
My walls the bodies, bones of My bones,
the blood of My flesh the flesh,
My spirit the Word of God.

Ο Υπέρτατος Κύριος λέγει·
Νου μου, θέληση, πράξη Μου, κόσμε,
Εαυτέ Μου των ήλιων πνοή,
Νου Μου, θέση Μου, φύση Μου, κτίστη,
εαυτών Μου απείρων ζωή.
Νου Μου, έκλαμψη, γέννηση, σώμα,
ζωτικών Μου ροών ποταμοί,
ωκεανοί Μου αίματος,
ωκεανοί Μου πνεύματος,
ωκεανοί ωκεανών,
της άπειρης καρδιάς Μου η αγάπη.

The Supreme Lord says;
My Mind - volition, My action - world,
My Self, of suns the breath,
My Mind, My position, My nature, creator,
of My infinite selves the life.
My mind, flare, birth, body,
of My vital flows the rivers,
My oceans of blood,
My oceans of spirit,
oceans of oceans,
of My infinite heart the love.

Οίστρος μάγιστρος,
οίστρος έρωτας,
οίστρος δαίμονας,
λόγος άπειρων λόγων αγγέλων.

Oestrus magister,
oestrus love,
oestrus demon,
word of angels' infinite words.

Ακούω· Χορός! χορός πνευμάτων,
χορός σωμάτων, χορός θαυμάτων,
χορών χορός.
Χορός της μέρας, σφαιρών της σφαίρας,
χορός των ήλιων, πεδίων στίβων,
χορός των κρίνων, χορός ο μέγας,
Θεός χορός.
Χορός των χρόνων, χορός των λόγων,
χορός των κλώνων, δέντρου χορός.
Χορός μαρτύρων, χορός ονείρων,
χορός απείρων των χορευτών.
Χορός μορφών Μου, χορός ψυχών Μου,
χορός μυρίων της χορείας Μου ονομάτων.
Χορός ανθρώπων, Θεού χορός.

I listen; Dance! dance of spirits,
dance of bodies, dance of wonders,
dance of dances.
Dance of the day, spheres of the sphere,
dance of the suns, of fields the arenas
dance of lilies, dance the great,
God the dance.
Dance of the years, dance of words,
dance of branches, of a tree the dance.
Dance of martyrs, dance of dreams,
a dance of infinite dancers.
Dance of My forms, dance of My souls,
dance of the myriad of My chorus names.
Dance of humans, of God a dance.

Σε υμνώ·
Ευαγγελίστρα Κόρη,
Μητέρα Παναγιά,
Τα στήθη Σου, τα μάτια Σου,
η φύση Σου, η νιότη,
η ανθοβολία, τ' άρωμα
του σώματός Σου μύρο,
του πνεύματος η γέννηση
της δόξας Σου στεφάνι,
των κριναγγέλων χάρισμα,
οντότητα η ζωή.

I praise You;
The Evangelizing Maiden,
Virgin Mother,
Your breasts, Your eyes,
Your nature, the youth,
the blossoming, the fragrance
of Your body myrrh,
of spirit the birth
Your glory's wreath,
of lily-angels the gift,
entity life is.

Όλα Σου τα γεννήματα
Σε προσκυνούν Μητέρα.
Όλα Σου τ᾽ άυλα κι ορατά
Εσέ δοξολογούν.
Όλα Σου φύσης τ᾽ άπειρα
τα γονιμοποιά Σου,
όλα τα ηλιοδώρα Σου,
τα μύρια Σου πυρά.
Ω θήλεια η εκστατική,
Μητέρα η Υπερτέρα,
του σύμπαντος, του ουρανού
γεννήτρα και το φως,
το θαύμα του αιώνιου
σπερματοθεοδότη,
στους κόλπους Σου η έκχυση
ηλίου πυρός νοός.

All Your offspring
worship you, Mother.
All, Your immaterial and visible
You they praise.
All of Your nature's infinite
Your fertilizing,
all Your sun-gifted,
Your myriad inner fires.
Oh, feminine the ecstatic,
Mother the Superior,
of the universe, of the heaven
procreator and light,
the miracle of the eternal
divine sperm-giver
to Your bosoms, the effusion
of the sun's fire's mind.

Στρουθία των αγρίων δασών,
ζώδια των αστέρων,
αιγιαλών αφρόψαρα
και κοίτη των βυθών,
των κορυφών οι αετοί,
αγρίμια των ηπείρων,
των θυρεών οικόσημα,
σύμβολα της αβύσσου.

Of wild forests the sparrows,
of stars the zodiacs,
of coasts the fish
and cetaceans of the depths,
of peaks the eagles,
wild beasts of the continents,
of emblems the escutcheons,
symbols of the abyss.

Αχτίδες ηλιοφεγγαριών,
φωτίσματα χρυσά μου,
ασημανταύγειες των παθών
κοσμογονίας χρώσεις.
Μύρια τα πρόσωπα, άπειρα,
ψυχής καλοστολίδια,
του πνεύματος κροσσάργυρα,
ουσίας απολήξεις.
Καταρρακτώδεις χείμαροι,
του ωκεανού η κατάβασις,
στο ηλιοστάσιο της γης
χειμωνανθοί του ερέβους.

Rays of suns and moons,
my golden illuminations,
silver hues of passions
cosmogony's colorations.
Myriad are the faces, infinite,
the soul's beautiful ornaments,
of the spirit's silver fringes,
of essence the endings.
Torrential streams,
the ocean's descent,
at the solstice of the earth
winter blossoms of erebus.

Ακούω Θήλειας τον ήχο ιερής,
Μητρός της Υπερτάτης ύμνου το άσμα.
Υιέ Μου, της αμπέλου ο τρυγητής,
οινοποιός ηλιότροπος,
δαφνοστεφανωμένος.
Υιέ Μου, της ανοίξεως θεός,
αρχαίος ο πρωτόπλαστος,
σπλάχνο Μου, ηβανθέ Μου.
Υιέ Μου, μυροάγγελε,
μυριάκτινέ Μου πόθε,
πρωτάνθιστε, πρωτάκουστε,
πολυερωτικέ!
Υιέ Μου, θείε Μου εραστή,
ιεροτραγουδισμένε,
ιεροφάντη μέγιστε,
Ω άσπιλε, αμόλυντε,
τρανέ Μου δαμαστή!

The sound I hear of the sacred Feminine,
Mother Supreme's chanting of a hymn.
My Son, the vine's harvester
winemaker heliotrope,
laurel-crowned.
My son, god of spring,
ancient, the first created,
My flesh and blood, My young flower.
My Son, myrrh-angel,
My myriad-ray passion,
first-blossomed, first-heard,
polyerotic!
My Son, My divine lover,
sacredly-sung,
greatest hierophant
Oh, virgin, immaculate,
My grand tamer!

Υιέ Μου, Υιέ Μου, ήλιε Μου,
Υιέ Μου, Υιέ Μου, δόξα.
Υιέ Μου, Υιέ Μου, αθάνατε,
έρωτα, θεουργέ.
Υιέ Μου, Υιέ Μου ακριβέ,
πολύτιμο πετράδι.
Υιέ Μου, στέμμα, η αύρα Μου,
Νυμφίε βασιλικέ.

My Son, My Son, My sun,
My Son, My Son, glory.
My Son, My Son, immortal,
love, theurgist.
My Son, My Son beloved,
precious jewel.
My son, crown, My aura,
royal Bridegroom.

Υιέ Μου, χώμα και ψυχή,
Υιέ Μου, πνεύμα αγάπη,
Υιέ Μου, γνώση η ορφική,
τα ύψη και τα βάθη.
Υιέ Μου, αιματογέννητε,
αχραντοδοξασμένε,
Υιέ, θανατοπάθιστε,
κοσμοαναστημένε.
Υιέ, το φως, η διδαχή,
συμπόνοια στο σκοτάδι,
η αιωνία είσαι αρχή,
Υιέ, τέλος του Άδη.
Υιέ, ο άρχων κύριος
το νάμα της αγάπης,
χορός ειρήνης πύρινος,
ο αφυπνιστής της νάρκης.

My son, soil and soul,
My son, spirit, love,
My Son, knowledge the orphic,
the heights and depths.
My Son, blood-born,
immaculately-glorified
Son, death-sufferer,
world-resurrected.
Son, the light, the teaching,
compassion in the darkness,
eternal you are the beginning,
Son, of Hades the ending.
Son, the ruling master
of love the pure flow,
fiery dance of peace,
of torpor the awakener.

Τα λόγια γίνονται όνειρα·
τα όνειρα τραγούδια.
Στόματα, χείλια τα μιλούν
κι όσοι έχουν ώτα ακούνε.
Παρακλητικά χέρια απλώνονται,
ικεσία και αλαλαγμός.
Κι ακούγονται δοξαστικά
των τροπαρίων οι αίνοι.

The words become dreams;
the dreams, songs.
Mouths, lips speak them
and those who have ears listen.
Pleading hands reach out,
supplication and ululation.
And gloriously are heard
of chants the praises.

Κύριε των ηλίων φως,
Κύριε της ανάγκης,
Κύριε της αποδοχής,
των εποχών διάχρονε,
Κύριε του πυρός.
Κύριε, Κύριε των ειρμών,
Κύριε των παλμών Σου,
Κύριε πολυπρόσωπε,
δόγμα πολυθρησκείας.
Κύριε αειπρόσωπε,
αόρατων δομών,
Κύριε απειρόμορφε,
το εύρος της ουσίας.

Lord of suns the light,
Lord of need,
Lord of acceptance,
of times the timeless
Lord of fire.
Lord, Lord of coherence,
Lord of Your pulses,
Lord multi-faced,
multi-religion doctrine.
Lord of eternal faces,
of invisible structures,
Lord of infinite forms,
the broadness of the essence.

Κύριε ηλιόμορφε,
κοιτίδα των πηγών.
Κύριε, δόξα εκχωρείς,
ρεύμα απ' την καρδιά Σου,
ζωής αιώνιας οδηγός,
Νους καθοδηγητής.
Κύριε, αίμα της πυράς,
στα άπειρα παιδιά Σου,
στα άνοα νοητικά
Νοός πυροσπορά.

Lord sun-formed,
cradle of sources.
Lord, glory you grant,
from Your heart the current,
of life eternal guide,
guiding Mind.
Lord, blood of the pyre,
to Your infinite children,
to the mindless mental fields
a fire-seeding of the Mind.

Τα πεδία χορεύουν,
τα ηλιόνοα ζουν.
Τα ετερόφυλα πλάθουν τον πηλό
και φυσάει η πνοή του ανέμου,
δίνει παίρνει ζωή.
Η χορεία, το φάσμα,
παρουσία, εικόνα
μυστικής συναρχίας
αβιάστου πνοής.

The fields dance,
the sun-intellects live.
The genders mold the clay
and the wind's breath blows,
gives and takes life.
The chorus, the range,
presence, image
of a secret co-ruling
of an effortless breath.

Ο Υπέρτατος Κύριος λέγει·
Ω λαοί των λαών Μου,
Ω τραγούδια Μου λόγια,
Ω λουλούδια Μου ήλιοι
Ω αστέρων το φως.
Ω ανάσες πνοής Μου,
Ω πηγή της ζωής Μου,
Ω λατρεία και χάρη
των ψυχών θησαυρός.
Ω μεθυσμένοι λογισμοί
σαλών διαλογισμών Μου.

The Supreme Lord sayeth;
Oh, people of My people,
Oh, words My songs,
Oh, suns My flowers
Oh, of stars the light.
Oh, breaths of My breath,
Oh, source of my life,
Oh, worship and grace
of souls the treasure.
Oh intoxicated reasonings
of My wise-foolish meditations.

Ω οι εκστατικοί Μου υιοί
και κόρες Μου μαινάδες.
Ω παναγίες ιέρειες
παρθένες κοσμικές.
Ω οι εταίρες οι Ορφικές
παγκόσμιες γυναίκες.
Ω οι λατρείες οι θηλυκές,
οι θειοερωτικές.
Ω ηδονές πνευματικές,
ευδαιμονίας ροές!

Oh, My ecstatic sons
and My maenad daughters.
Oh, Holy priestesses
cosmic virgins.
Oh, courtesans the Orphic
universal women.
Oh, the feminine adorations,
the divine-erotic.
Oh, pleasures spiritual,
of bliss the flows!

Ω οι σοφοί, οι εκστατικοί,
οι ακραιφνείς φορείς Μου,
οι μύστες Μου οι αθάνατοι,
οι θεουργοί Μου επαίτες,
οι δούλοι Μου οι αδούλωτοι
από τα πονηρά κελεύσματα
της υποχθόνιας καθόδου Μου πυρά.

Oh, the wise, the ecstatic,
My pure bodies,
My initiates, the immortals,
My theurgist beggars,
My slaves, enslaved not
by the cunning callings
of My infernal descending's fire.

Ω οι εχθροί Μου, οι άπιστοι,
οι αδυσώπητοί Μου,
οι φύλακες της άγνοιας
των άμαθων νεκρών.
Ω οι κριτές Μου οι άδικοι,
οι άνοες της υφής Μου,
τα ανθρωπόζωα των δρυμών,
τα στίφη των κωφών.

Oh, my enemies, the unbelievers,
My relentless ones,
the guardians of ignorance
of the ignorant deceased.
Oh, My judges, the unrighteous,
the mindless of My texture
the humanimals of forests,
the hordes of the deaf.

Ω τα παιδιά μου τ' αγαθά,
τα απόλωλά Μου τέκνα.
Ω τα πυρά Μου σπλάχνα Μου
ηλίων των πολλαπλών.
Ω όλα Μου τα έμβια,
που τά 'πλασα απ' την πέτρα.
Ω τα θεμέλια των λαών
στ'άδυτα των ναών.

Oh, my children the benevolent,
My children the lost.
Oh, My fires, My offspring
of multiple suns.
Oh, all my living beings,
which from stone I molded.
Oh, the foundations of peoples
at the sanctuaries of temples.

Χρόνος στο χρόνο ο Λόγος Μου
κι αντίλογός Μου ο χρόνος.
Ο χρόνος μες στο χρόνο,
το παρόν, το αύριο,
το παρελθόν, το μέλλον.
Ο χρόνος Μου η αίσθηση,
ο χρόνος Μου τα πάθη.
Του χρόνου Μου η διαίσθηση
του πνεύματός Μου βάθη.
Οι διαστάσεις των ωρών,
οι όψεις των αιώνων,
τα εξαπτέρυγα ιερών
των νόμων και κανόνων.

Time upon time My Word
and time is My response.
Time within time,
the present, the tomorrow,
the past, the future.
My time the sense,
My time the passions.
My time's intuition
of My spirit the depths.
The dimensions of hours,
the aspects of the centuries,
the seraphic discs of the holy
of laws and rules.

Δοξολογίας άκουσμα
πανίερων σωμάτων,
σοφίας το ανάκρουσμα,
χορεία των βημάτων,
σε ατραπούς Μου άγνωστους,
αδιάβατους νυμφώνες,
σε εαυτούς Μου άβατους
σε σκιές και σε εικόνες
ανίερων και βέβηλων,
αμύητων πλασμάτων,
των αιωνίων έφηβων,
μερών Μου δοξασμάτων.

Of a doxology the sounding
of the holiest of bodies
of wisdom the playing,
of steps the chorus,
into paths unknown to Me,
impassable bridechambers,
to My untrodden selves
to shadows and images
of unholy and sacrilegious,
uninitiated creatures,
of eternal adolescents,
of My parts the glorifications.

Δύναμη· ο διάγων τον βίο βιώνει,
τους αβίωτους βίους τους λιώνει,
χτίζει κόσμους και τους στερεώνει
με συμπάντων του σύμπαντος σπέρμα
στων απάντων τη λύτρωση ρεύμα.

Strength; he who leads life experiences,
the unexperienced lives he melts
worlds he builds and fastens them
with sperm from universes of the universe
to the current of redemption of all.

Ακούω· Λαλώ τη γλώσσα των πουλιών,
τους κρωγμούς των κοράκων,
του βασιλέως λέοντος
το αίτημα βρυχώμαι.

I listen; The language of birds I speak,
the caws of crows,
of the lion king
the request I roar.

Κι Εγώ το ερωτικό πουλί,
φτερόπυρο, σαρκόστηθο, καρδιοαιματοφόρο,
χρυσόποδο, αετόμορφο,
σωματοποιημένο πνεύμα της αγάπης.
Βορά Μου η θυσία των παθών,
βορά Μου η επιθυμία η λάγνα.

And I, the erotic bird,
fire-winged, flesh-breasted, heart-blood-carrying,
golden-legged, eagle-formed,
embodied spirit of love.
My prey, the sacrifice of passions,
My prey, the lustful desire.

Οι προσδοκίες του έρωτα
οράματα ψυχών,
οι εγωπάθειες των τυφλών
αλληλοεξαρτομένων,
πάθη και προσκολλήσεις.
Ορέξεις διψασμένων για αίμα
στην ακατασίγαστη
προτροπή του βρυκόλακα.
Σελήνη αιματοβόρα συμφορά,
η καταδικασμένη ηδονή,
της σάρκας οι άνοες
ενστιχτώδικες ορμές,
που τους άθεους καταδυναστεύουν
και στον κόλαφο των ψευδαισθήσεων
τους οδηγούν.

Of love the expectations
visions of souls,
the selfishness of the blind
interdependent,
passions and attachments.
Appetites of the bloodthirsty
to the inextinguishable
urging of the vampire.
Moon, bloodthirsty calamity,
the doomed pleasure,
of flesh the mindless
instinctive urges,
which, the godless oppress
and to the insult of illusions
they lead them.

Και προσκυνώντας τα είδωλα της πλάνης
στων αμαρτημάτων της κοιλιάς
τα ρεύματα αφήνονται.
Ωκεανός οι κολάσεις των άμαθων!
Στου λυκανθρώπου τη βορά τα απολωλά,
στων πανσελήνων τα μυστήρια τα μαύρα
μύηση λαμβάνουν.
Μάγος έρωτας, μάγος θάνατος, μάγος πόθος.
Ω προσδοκίες του έρωτα,
σε οράματα ιερά.

And worshiping the idols of delusion,
to the abdomen's sins
the currents are surrendered.
An ocean are the hells of the ignorant!
To the werewolf's prey, the lost,
to the full moon's black mysteries
initiation they receive.
Sorcerer love, sorcerer death, sorcerer lust.
Oh, expectations of love,
in holy visions.

Ο άνθρωπος εικόνα και ομοίωση,
ο άνθρωπος ενώπιον των πυλών
κρατά στα χέρια του αχτίδες.
Τον περιβάλλουν φίδια φτερωτά,
στο βάθος των ματιών του
καθρεφτίζονται οι κόσμοι,
των βασιλείων όλων η τελείωσις.
«Στον κρούοντα ανοιγήσεται
και ο αιτών λαμβάνει».

The human, image and likeness,
the human before the gates
in his hands he holds the rays.
Winged snakes surround him,
upon the depths of his eyes
the worlds are mirrored,
of all the kingdoms the completion.
"To him that knocketh it shall be opened
and he that asketh receiveth."

Φωτιά κι εξαγνισμός·
και η πύλη ανοίγεται
και εισέρχεται ο απολωλός.
Πού ήσουν δάκρυ της αυγής,
πού ήσουν περιστέρι,
πού ήσουν τριαντάφυλλο,
πού ήσουν άρχων κρίνε;
Πού ήσουν Γιε βασιλικέ,
πόθε Μου, πού εκοιμόσουν;
Πού ενυμφεύθης και με ποια
έκανες τα παιδιά σου;
Ποια μέρα ήταν η αρχή,
ποια νύχτα είχες τέλος;
Ποια μάγισσα σε μάγευε
και ποια είχες μαγιολύτρα;
Ποιος σ' έντυνε, σε τάιζε
και ποιος μεγάλωνέ σε;
Ποιος σε θανατοκοίμιζε
και πόθεν ανεστήθης;

Fire and purification;
and the gate is opened
and the lost enters.
Where were you tear of the dawn,
where were you dove,
where were you rose,
where were you ruling lily?
Where were you royal Son,
My lust, where were you sleeping?
Where did you marry and with whom
did you have your children?
Which day was the beginning,
which night did you end?
Which sorceress enchanted you
and who disenchanted you?
Who dressed you, fed you
and who raised you?
Who lay at your death bed
and whence were you risen?

Ποια μάνα σε τραγούδησε
και πόνεσε κι εχάρη;
Ποια δόξα σε περιέβαλε
και Μου 'γινες ο ήλιος;
Ο ήλιος, η εικόνα Μου,
ο ήλιος, η ζωή Μου,
τ' ατέλειωτου αιώνα Μου
και των ψυχών ψυχή μου.

Which mother sang of you
and hurt and rejoiced?
What glory surrounded you
and You became the sun?
The sun, My image,
the sun, My life,
of My endless century
and of the souls My soul.

Ήμουν περιπλανώμενος,
θάνατος και σκορπούσα
τα λιόσπορα, τα κρίνα μου,
χίμαιρα τα γεννούσα.
Ήμουν ο ήχος, μουσική,
η σάρκα και οι αισθήσεις,
ήμουν η πλάνη η μορφική
που 'φτιαχνε παραισθήσεις.
Ήμουν αυτός που Σου 'κλεψε
τη φλόγα, ο Προμηθέας,
που έφυγε και Σου 'λειψε
κι έγινε ο Οδυσσέας.
Κι ήμουνα ο παγκόσμιος
πανθεϊστής, ο λάτρης
κι η άλλη μου όψη υλιστής,
αθεϊστής, αντάρτης.

I was a wanderer,
death and scattered
the sunflower seeds, my lilies,
to them I gave birth, a chimera.
I was the sound, the music,
the flesh and senses,
I was the delusion morphic
which illusions it created.
I was the one who stole from You
the flame, Prometheus,
who left and so You missed him
and Ulysses he became.
And I was the universal
pantheist, the worshiper
and my other side, materialist,
atheist, a rebel.

Στα ξάγναντα εκοιμόμουνα,
στα σκότη και στα βάθη.
Στα λιόφωτα επλανιόμουνα,
στα μίση και στα πάθη.
Κι ήμουνα ο ανέλπιδος
και ο κυνηγημένος,
Υιός Σου ο ανεύθυνος,
ο παραγκωνισμένος.
Του εαυτού μου ο άρατος,
της θέλησής Σου η ρήση,
δαιμονο-τρισκατάρατος,
που έψαχνα τη λύση.
Ήμουν σπορά της άγνοιας
και φύτρο της αβύσσου,
βορά ήμουν της παράνοιας,
ελπίδα παραδείσου.
Με πλέναν, με κτενίζανε
ιερόδουλες αφέντρες,
με ντύναν, με στολίζανε
οι σκέψεις κι οι κουβέντες.

Opposite I slept,
in darkness and in depths.
Beneath the sun I wandered,
in hatreds and in passions.
And I was the hopeless
and the hunted,
Your Son, the irresponsible,
the pushed aside.
Of myself the vanished,
of Your volition the saying,
demon-cursed,
that a solution I sought.
I was the sowing of ignorance
and sprout of the abyss,
I was the prey of paranoia,
of heaven the hope.
They washed me, they combed me
prostitute mistresses,
they dressed me, they adorned me
the thoughts and the words.

Κι είμαι τ' αστέρι Σου, Έρωτα,
Κύριε, των χαμένων.
Το έργο από το χέρι Σου,
καρδιά από την καρδιά Σου.
Είμαι τ' απείρου γέννημα,
θαύμα της ομορφιάς Σου
και των ανέμων άνεμος,
ανθός απ' τα παιδιά Σου!

And I am Your star, Eros,
Lord, of the lost.
The work from Your hand,
heart from Your heart.
Of infinity the offspring I am,
a miracle of Your Beauty
and of winds the wind,
a flower from Your children!

Οι ήλιοι άκουγαν το φως,
του Λόγου τους το δράμα.
Ήταν τ' ονείρου ο αδελφός,
των προαιώνων τάμα.
Κύριε των δυνάμεων,
η εωθινή Σου δόξα,
η αρμονία των σφαιρών,
τα ουράνια τα τόξα,
της προβολής Σου προσφορά
του γάμου τα στεφάνια.
Θυσία σωμάτων του παντός,
που καίνε ωσάν λιβάνια
κι απλώνουνε το μύρο τους
ως μέχρι που οι αισθήσεις,
ποτό Σού δίνουν προσφορά
να πιεις και να μεθύσεις.

The Suns to the light listened,
of their Word the drama.
It was the dream's brother,
the centuries-old oblation.
Lord of forces,
Your matutinal glory,
the harmony of the spheres,
the celestial bows,
Your projection's offering
of the wedding the wreaths.
A sacrifice of the bodies of all,
which as incense burn
and their myrrh they spread
as until the senses,
a drink as offering they give You
to drink and get drunk.

Τραγουδάνε οι σφαίρες,
τραγουδάνε οι μέρες,
τραγουδούν οι αιώνες,
τραγουδούν οι εποχές.
Μουσική συναυλία,
εωθινή δοξασία.
Σε υμνούμε στην πρώτη
της θελήσεώς Σου αρχή,
του Απόλυτου Κενού ο Θεός!

The spheres sing,
the days sing,
the centuries sing,
the seasons sing.
A musical concert,
matutinal belief.
In the first we praise You
of Your volition's beginning
of Absolute Void the God!

Dimitris Kakalidis

Dimitris Kakalidis was born in Athens in 1943. From a young age he delved into philosophy and poetry. His poetic work includes the poetic trilogy "The Concealed Lotus of Manifestation", "Fallen Paradise Holy Matter" & "Logos the Third", the poetic collections "Incentives I" & "Incentives II" as well as the book "Alalum and Hallelujah", which he co-wrote with the poet Dimitris Karvounis. He has written two volumes with analyses of poems and short stories of contemporary Greek writers, the "Wisdom of the Short Story" and "The Wisdom of the Poem"; he uses an innovative method of analysis which has been described by the Greek spiritual world as a worldwide "first" for Greece. His book "The Revelation of the Entity" is a compact form of his philosophical perception of Humanity and Life. This perspective, along with its practical implementation, is what he conveyed through Omilos Eksipiretiton (The Servers' Society), a school of thought that he founded in Athens in 1980. Since then it functions unceasingly, deepening into all philosophical currents and seeking for their essence, with the ultimate goal of improving everyday life of the contemporary human being.

Presentations of his work have been held by the Philological Association "Parnassos", the "Hellenic Literary Society" and "The Panhellenic Union of Writers", while the literary world of the country has received his work and contribution to Greek literature with the most favourable of reviews. He passed away in 1995. Extracts of his books are still being published in literary magazines and poetic anthologies. The pioneering method with which he analyzes the works of poets and writers – the "Kakalidis Method", as the writers themselves have named it – is being presented by Omilos Eksipiretiton in academic and literary conferences internationally. University professors and writers from around the world have shown great interest in this method.

MEGAS SEIRIOS PUBLICATIONS
English Editions

The Concealed Lotus of Manifestation
Fallen Paradise Holy Matter
Logos the Third
a poetic trilogy by Dimitris Kakalidis (bilingual edition)

Incentives I & Incentives II
poetic collections by Dimitris Kakalidis (bilingual edition)

The Revelation of the Entity
by Dimitris Kakalidis

The Wisdom of the Poem
by Dimitris Kakalidis

Spiritual Healing,
A human potential in theory and practice
by Klairi Lykiardopoulou

The Master [1],
First Concepts – First Experiences
by Klairi Lykiardopoulou

The Path from Fear to Fearlessness
by Ioanna Dimakou

Individuality Unity Monad
by Klairi Lykiardopoulou

Seeking... from Alpha to Omega,
Synthesis of Science and Philosophy
by Mina Gouvatsou-Karekou

I Will be Here (poetry)
by Paraskevi Kostopetrou

• **Small Temples on a Wave** (poetry)
• **Fiery Notion** (poetry)
by Vassiliki Ergazaki

Experiences of a Spiritual Healer
by Kiki Keramida

...And the Shadows Became Light
by Klairi Lykiardopoulou

You can Open Your Eyes Now
by Ade Durojaiye

Greek Editions

Dimitris Kakalidis

- The Wisdom of the Poem
- The Wisdom of the Short Story

Poetic Trilogy:
- The Hidden Lotus of Revelation
- Fallen Paradise Holy Matter
- Logos the Third

Poetic Collection:
- Incentives I
- Incentives II

- The Revelation of the Entity

Klairi Lykiardopoulou

- Woman - Exploring her Position and Role in Society
- Man - Exploring his Position and Role in Society
- Couple - Exploring its Position and Role in Society
- Spiritual Healing, *A human potential in theory and practice*
- The Master [1], *First Concepts – First Experiences*
- The Master [2], *The Awakening of the Soul*
- The Master [3], *Processes of the Mind*
- The Master [4], *Accomplishment – Spiritual Healing*
- The Knowledge of the Educator
- The Power of the Woman
- Man and Money, *A philosophical study of their relationship*
- Individuality Unity Monad
- The Family Circle
- The Sacred Task of the Soul
- The Heart of the Earth, *Imaginary Short-stories to give Light to our Planet!*
- The Diachronic Master [1], *Seeking the Knowledge in simple thoughts and deeds*
- The Diachronic Master [2], *Discipleship in the Eternal Truths*
- The Diachronic Master [3], *The Power of Love*
- The Diachronic Master [4], *Our Hidden and Apparent Self*
- ... And the Shadows became Light

Dimitris Karvounis – Dimitris Kakalidis

Alalum and Hallelujah (poetry)

Dimitris Karvounis
- The Crypt and the Nest (and other stories)
- Lilian
- My Spirit Crucified (poetry)
- The Eternally Collected (poetry)

Ninon Dimitriadou-Kampouri
Fear Not, Day is Breaking! (poetry)

Ioanna Dimakou
The Path from Fear to Fearlessness

Kiki Keramida
Experiences of a Spiritual Healer

Petros Panteloglou
The Road I Chose
A Professional Driver's Path to Spirituality

Mina Gouvatsou-Karekou
Seeking... from Alpha to Omega
A Synthesis of Science and Philosophy

Vassiliki K. Ergazaki
- Small Temples on a Wave (poetry)
- Fiery Notion (poetry)
- For the Flowers to Sing (poetry)

Dionisis Dimakos
Flows of Reflection and Heart (poetry)

Paraskevi Kostopetrou
I Will be Here (poetry)

Ade Durojaiye
You Can Open Your Eyes Now

www.ingramcontent.com/pod-product-compliance
Lightning Source LLC
Chambersburg PA
CBHW051835090426
42736CB00011B/1817